AF336329

DÉFENSE ET ALLOCUTIONS

DU CITOYEN RASPAIL,

président de la Société des Amis du Peuple.

(Aux assises des 10 , 11 et 12 janvier 1832.)

Messieurs les jurés, nous voici enfin arrivés devant vous pour un délit de la presse, après avoir passé pendant six grands mois par toutes les persécutions, j'oserais même dire par toutes les tortures que le pouvoir a pu imaginer, comme pour s'étourdir, au spectacle de nos souffrances. sur le ridicule roman qu'il voulait vous faire payer de nos têtes Nous ne sommes plus aujourd'hui de terribles conspirateurs, qu'on traîne dans des cachots ambulans, qu'on plonge huit heures avec les prévenus de vol, d'assassinats et de brigandages, dans les ténèbres fétides de la *Souricière*, pour les placer un petit quart-d'heure , et quelquefois les menottes aux poings, en face d'un juge d'instruction tout confus du rôle qu'on lui impose. Non, la cour royale a bien voulu déclarer que la conspiration n'existait pas, quoique la peine en ait déjà été subie par anticipation. Ces conspirateurs ne sont plus, que des écrivains paisibles qu'on vous propose de replonger dans les prisons, dans l'espoir que la prison les empêchera d'écrire

Ce pouvoir de fait vous charge donc, vous, douze de nos concitoyens, assistés de trois magistrats, du soin de juger et de condamner les opinions que professe une Société composée de plus de quatre cents autres citoyens, qui peuvent tous se flatter d'être aussi probes que vous, et tout aussi instruits que les plus éclairés d'entre vous quinze.

Comme accusé, j'ai le droit de discuter votre compétence ; comme président de la Société que mes amis et moi nous représentons depuis six mois, tantôt dans les fers, tantôt sur les bancs des assises, je dois vous exposer, sans aucune arrière-pensée, les doctrines et les vœux que ses membres avouent ; et, sans réclamer de votre part aucune faveur, aucune grâce, nous laisserons ensuite à votre conscience le soin de décider si vous pouvez et si vous devez vous permettre une condamnation.

PREMIÈRE PARTIE. — *Compétence du jury.*

La réforme de la procédure criminelle fut le premier pas que les peuples modernes firent vers la liberté ; ils enlevèrent au pouvoir le droit de connaître d'un fait punissable, pour ne lui laisser que le triste privilége d'appliquer la loi qui le flétrit Ce fut là le coup de grâce porté au despotisme ; car, lui arracher des mains l'arbitraire

1832

des tortures et des persécutions , c'est imposer à celui qui gouverne l'alternative d'être juste ou de tomber.

L'institution du jury serait donc à nos yeux le *palladium* de nos libertés, si nous l'avions conservée dans sa pureté primitive. Aussi, les pouvoirs usurpateurs l'ont bien senti ; dessaisis du despotisme, ils ont eu recours à la ruse, et tous leurs efforts se sont dirigés depuis trente ans vers les moyens de nous ravir la chose en nous abandonnant le mot ; car, Messieurs, les peuples que l'on a tant de soin de tenir dans l'ignorance , les peuples sont encore de grands enfans, et on les paie facilement de mots, jusqu'à ce que le désespoir de la faim ou l'indignation de l'ignominie vienne leur ouvrir les yeux sur la déception qui les joue.

Qu'a voulu. en effet, le peuple en instituant le jury ? Il a voulu que chaque citoyen fût jugé par ses pairs, c'est-à-dire par des hommes de sa condition civile, exempts de haine ou de faveur ; il a voulu que le pouvoir ne conservât sur eux aucun moyen d'influence et ne pût déterminer aucun choix au milieu d'eux. Voilà ce que voulait le peuple ; voyons ce qu'on lui a accordé.

Les préfets forment sous leur responsabilité une liste de jurés ..

M. le président. Prévenu Raspail .....

M. Raspail M. le président, je vous déclare que je considère ma défense comme sacrée. Vous avez le droit de me condamner, mais non celui de m'interrompre. Vous présidez ici aux funérailles de notre liberté ; notre voix est celle d'un mourant ; car la prison est un sépulcre ; c'est ici notre testament politique ; respect à nos paroles ! Rendez-nous de cette manière les derniers devoirs. Je continue :

Ce texte, Messieurs, n'a pas besoin de commentaires. Des préfets, créatures amovibles d'un ministre, choisissent les jurés ; et ce que vous ignorez, sans doute, c'est qu'à Paris surtout il est dressé tous les ans, par les soins de l'autorité supérieure , un catalogue raisonné et par ordre d'opinions, de tous les citoyens appelés, en vertu de leur position sociale, à figurer sur la liste des jurés ; c'est sur cette liste que le préfet fait choix tous les ans de quinze cents noms renfermés dans une urne confiée à M. le président des assises, pour que le sort en fasse sortir toutes les quinzaines quarante jurés définitifs, titulaires ou supplémentaires. Les préfets, comme vous le voyez, ont le droit de passer ces noms au creuset de l'inquisition ministérielle ; ils ont, pour déterminer leurs choix, des notes précises. Or, vous conviendrez que les préfets du *juste-milieu*, pas plus que ceux du *droit divin*, ne laissent, dans le rebut, des renseignemens aussi utiles , et qu'aujourd'hui, plus que jamais, ils savent les mettre à profit pour remplir le devoir mystérieux que l'art. 387 leur impose.

D'où il vous sera facile de conclure qu'il pourra, tôt ou tard, exister une classe nombreuse de citoyens qui, tout en réunissant les conditions explicites de la loi, seraient encore privés du bénéfice de faire partie du jury, par cela seul qu'ils manqueraient d'une autre qualité que la loi élaborée par le despotisme a eu honte d'exprimer en termes formels, je veux dire de la confiance que leurs opinions politiques auraient pu inspirer au pouvoir.

Eh ! Messieurs, vous n'aurez pas grande peine à vous convaincre, par les effets dont vous êtes témoins, aujourd'hui, de l'existence de la cause que je vous signale. Regardez autour de vous dans vos quartiers respectifs ; et prenez au hazard les noms des électeurs que le pouvoir y a rencontrés hostiles ou coupables du plus mince acte d'opposition ; je vous défie de me les montrer une seule fois dans les listes des jurés pour des affaires politiques. Il est tout aussi impossible à leurs noms de sortir de l'urne, sous le règne de la branche cadette des Bourbons, qu'il l'eût été aux noms des Benjamin Constant, des Foy, des Manuël d'en sortir sous celui de la branche aînée. Il est donc certain que la liste des jurés n'offrira jamais une réunion de patriotes reconnus, à moins que la toute puissance du soit ne soit capable de nous extraire trente-six patriotes du milieu de soixante citoyens d'une autre opinion.

Mais en revanche nous y voyons force lieutenans-généraux, force chefs de division, force marchands de la cour, force employés de la police, que sais-je ? M. Carlier, M. Foudras et des inspecteurs même des prisons ; comme si l'on avait pensé que nul ne serait plus compétent pour condamner l'accusé, que l'employé qui, pendant toute la durée de la prévention, aurait été à même de surprendre les secrets du pauvre misérable.

Et ici, Messieurs, je ne préjuge nullement vos opinions, ni votre moralité individuelle, je raisonne, je pose des faits et j'en tire des conséquences. Choisis par le pouvoir, je puis, jusqu'à preuve du contraire, vous considérer comme dévoués au pouvoir, et par conséquent, comme ayant à l'égard de nos opinions une opinion toute formée d'avance. Quant aux magistrats qui vous assistent, cela ne souffre pas la moindre difficulté ; par l'origine de leur promotion, et par la nature de leurs nouveaux sermens, ils ne doivent être rien moins que favorables aux doctrines des patriotes.

Ainsi vous voilà quinze qui d'avance avez arboré votre drapeau, quinze que le pouvoir a choisis pour arbitres entre son bon plaisir et les actes de dévoûment d'une Société qui l'offusque et le fait rougir.

Or, Messieurs, mettez la main sur la conscience, croyez-vous que, dans cette circonstance, l'institution du jury ne soit pas illusoire, et que cette pauvre Charte soit encore une vérité ? Non, Messieurs vous ne le pensez pas.

Mais alors comment concevez vous notre position et la vôtre ? Quoi ! dans une affaire commerciale, dans un procès de quelques écus, de ces écus qui sortent et qui rentrent par la circulation, et que la puérilité des hommes bat, pour ainsi dire, comme des cartes, vous exigez que chaque partie nomme son arbitre ; et quand il s'agit de la liberté individuelle et surtout de la valeur des opinions professées par des hommes d'honneur , vous ne permettrez qu'au pouvoir qui nous hait, de choisir ses juges et les nôtres ! Ah ! si telle est votre opinion, déclarez du moins avec nous que nous possedons non l'institution, mais l'aristocratie du jury, et que vous nous dispensez de la peine de nous défendre.

Je conviens, Messieurs, que ce vice radical, qui fausse l'institution du jury, est indépendant de votre volonté même ; je conviendrai qu'en vous rendant dans cette enceinte vous remplissez un devoir tout aussi pénible que nous Mais enfin, le peuple, dont nous défendons les intérêts, n'a point nommé ici ses arbitres, et le pouvoir a nommé les siens ; en conséquence. vous êtes nos juges de fait , mais le droit, l'imprescriptible droit vous manque, et c'est à vous à réparer cette illégalité de la loi . si, comme je me plais à le croire, vous désirez mettre votre conscience en harmonie avec la conscience du peuple que les deux partis ensemble proclament aujourd'hui le seul souverain de droit.

Je ne vous dirai point : *Sortez avec nous de la salle, et déclarez votre incompétence par votre refus de juger* La question ne serait qu'ajournée, et nous n'aurions pas à nous applaudir, je le pense, de passer du jury de 1850 au jury remanié par M de Bondy.

Vous êtes magistrats , et partant esclaves de la lettre ; jugez , puisque la loi vous l'ordonne. Mais aussi vous êtes citoyens, et partant esclaves de l'esprit de la loi ; réparez-en les dispositions absurdes. Or, il est absurde de croire que quinze personnes soient moins sujettes à l'erreur que quatre cents autres Il est absurde de frapper des théories du même fouet que les crimes Il est absurde de soumettre la pensée d'un homme au jugement d'un autre Conciliez donc vos devoirs de magistrats et de citoyens, en déclarant que nos opinions ne sont pas coupables, ce qui signifie, non pas que vous les adoptez, mais seulement que vous êtes incompétens pour les juger Messieurs, si nous étions jamais à votre place, et que vous fussiez à la nôtre, ce qui, vous le savez, n'est pas dans l'ordre des choses impossibles, voilà ce que nous regarderions comme notre devoir de citoyens français; et celui là, Messieurs, doit passer avant tout autre.

Eh ! ne vous imaginez pas que cette opinion nous soit personnelle. Chaque jour le peuple qui assiste à nos débats, quand messieurs de la police n'envahissent pas la salle, chaque jour le peuple vous prouve que notre pensée est la sienne. Voyez-le, en effet, dans une affaire criminelle ; il attend votre décision dans le silence de la confiance ; il l'écoute, quelle qu'elle soit, dans le silence d'une religieuse conviction.

Mais combien son attitude est différente lorsque la cause que l'on vous soumet roule sur des faits que la loi appelle si improprement des délits de la presse ! Acquittez-vous ? Le peuple s'échappe en bénédictions Etes-vous assez malheureux pour livrer au fouet vengeur des magistrats, une opinion qui n'est pas la vôtre ? Oh ! alors, toute la sévérité de M. le président, et toute la rigueur de MM. les agens de la police, ne suffisent plus pour arrêter l'élan de l'indignation populaire

D'où vient cette différence dans l'attitude du peuple, selon qu'il s'agit d'un délit ordinaire ou d'un délit de la presse ? C'est que le peuple, avec cette raison exquise que les vices de notre éducation n'ont point émoussée, sent parfaitement bien que, dans une affaire ordinaire, vous avez, pour juger avec rectitude, l'infaillibilité du témoignage de vos sens ; et que, dans les délits politiques, et surtout dans les délits de la presse, vous pouvez être égarés par un intérêt quelconque ou par l'esprit de parti ; c'est que, dans le premier cas, vous le vengez lui-même, et, que, dans le second, vous semblez ne venger que vous ou une coterie d'intrigans au pouvoir.

Oui, Messieurs, toutes les fois que vous condamnez un patriote, le peuple voit en vous les complices de l'usurpation de ces maîtres qui d'abord se dirent nos égaux, de ces hypocrites qui se proclamèrent républicains et démocrates pour arriver plus aisément à la *quasi-légitimité*, qui depuis ont flétri tout ce qu'ils touchent, la croix de juillet en la glissant sur la poitrine de plus de quatre cents indignes, l'habit de la garde nationale en payant dans son sein jusqu'à quinze mille complaisans au moins, et cela par des croix d'honneur, des escomptes, et même par un salaire. Voyez-les, en effet, depuis juillet 1830, dès qu'une imposture est dévoilée et mise au grand jour, inventer une nouvelle imposture. La garde nationale se refuse-t-elle à certaines exigences, ils cherchent à corrompre ou plutôt à enivrer le soldat, car ce n'est que dans un moment d'ivresse que le soldat français est capable de méconnaître la voix de l'honneur. Et c'est alors que, sous les yeux de votre roi, les dalles du Palais-Royal sont rougies du sang français Je m'arrête à ce fait que Charles IX aurait envié, ce fait seul peut faire trêve un instant aux souvenirs de Menotti, de l'Espagne, de l'Italie et de Varsovie, cette sœur de la France, que la France, ou plutôt les ingrats qui la gouvernent, ont livrée aux bourreaux étrangers, dont le fer, malgré des complaisances aussi barbares, nous menace encore de loin. Voilà, MM. les jurés, voilà les actes dont vous vous rendez complices en condamnant les écrivains qui les signalent. Il est temps enfin que vous ouvriez les yeux, et que vous repoussiez loin de vous une solidarité dont le peuple vous accuse. Laissez-là ces hommes qui trafiquent de vos jugemens ; laissez ces diplomates agioteurs qui ont placé le trône sur un comptoir et la France dans la boue. Arrière ces infâmes intrus ! Citoyens français, cessez d'être leurs complices !

Ils savent bien que dans le fond de votre cœur vous partagez, à leur égard, et notre mépris et notre indignation ; et avec une seule goutte de sang français dans les veines, pourrait-on éprouver des sentimens contraires ? Mais les Fourbes ont de l'adresse, et depuis quinze mois ils n'ont pas manqué une seule occasion d'exploiter votre crédulité, afin d'étouffer vos sympathies. Les patriotes veulent des réactions, ont-ils fait hurler dans les rues ; ils veulent des vengeances. Les républicains veulent ramener 93. Tremblez, tremblez, si vous ne les écrasez pas !

Messieurs, ces républicains dont on vous fait tant de peur, ont été jusqu'ici bons citoyens, bons parens, bons amis ; la plupart d'entre eux ont été élevés dans le sanctuaire des sciences et des lettres, et à l'école des privations et de la pauvreté, qui est si souvent l'école des vertus et de la gloire. Les républicains, pour avoir retrempé leur âme dans la méditation de notre immortelle révolution de 93, ne sont pas pour cela des sectaires fanatiques qui cherchent à reproduire des circonstances, à perpétuer des traditions, enfin à donner une seconde représentation d'un passé qui n'est plus à nous, sur la scène d'un présent qui est gros d'autres espérances et d'un autre avenir. 93 avait ses nécessités et ses exigences. Deux camps étaient en présence et se déclaraient une guerre à mort : il fallait que l'un fût envahi par l'autre ; il fallait que le parti des prêtres et des nobles fût bourreau ou victime du parti patriote. Or, abandonnés par le peuple qu'ils trahissaient, les prêtres et les nobles ont été victimes. Silence sur les vaincus ! nous y consentons ; mais aussi respect aux vainqueurs ! car dans le combat comme après la victoire, leur cœur n'a point cessé de battre pour le bonheur du pays. Reconnaissance envers les vainqueurs ! car les institutions que l'avenir nous promet seront les filles de leur triomphe !

Les républicains ne veulent point du sang de 93 ! Où le prendre ? Ils ne veulent que de ses institutions modifiées d'après les besoins de l'époque actuelle. Je ne m'abaisserai pas jusqu'à vous dire que les républicains ne veulent pas la spoliation et le pillage ! Quel banquier, quel procureur, quel agioteur diplomate oserait articuler contre le peuple de 1830 une semblable imprécation ? Qu'il paraisse ici, et pour toute réponse, je me contenterai de vous dédoubler ses poches, encore tout graisseuses des sous que chaque jour il extorque par millions à la misère de ce pauvre peuple, qu'il calomnie ensuite.

On vous a dit que nous désirions le renversement du gouvernement actuel ; ici on ne vous a pas menti Nous désirons le renversement d'un gouvernement qu'ont imposé à la nation MM. Dupin, Guizot, et une centaine de députés tout aussi intéressés ; un gouvernement qui, jusqu'à ce jour, n'a été reconnu que par des députations d'employés ou d'hommes qui aspiraient à l'être, à moins qu'on ne veuille prendre pour des marques d'adhésion les soulèvemens de Saint-Germain-l'Auxerrois et autres, la victoire des Lyonnais, et ces milliers de mouvemens qui éclatent successivement sur tous les points de la France Nous désirons le renversement d'un gouvernement de fait qui a usé en France tous les ressorts de la gloire et de la liberté, qui jette la patrie aux pieds des nations, pour obtenir la paix au prix de l'infamie, qui ruine, à son profit, l'industrie et le commerce, qui, pour contenir le peuple, ramène dans les rangs de l'armée les royaux que le peuple a vaincus, et braque les canons de Montmartre sur Paris, lequel jusqu'à ce jour s'est montré si docile à ses coupables exigences ; enfin, un gouvernement dont la trahison, par la détresse qu'elle engendre, semble avoir pris à tâche de faire regretter au peuple abusé la dynastie qui, après avoir combattu vingt ans dans les camps étrangers contre la France, vint régir quinze ans la France pour le compte des rois étrangers.

Mais, Messieurs, nous ne conspirons pas, une conspiration est le fait de la minorité, et nous cesserions d'être républicains dès l'instant qu'au nombre de quatre ou cinq cents, nous formerions le projet de substituer notre volonté à la volonté générale. Nous cherchons à éclairer les masses ; nous déposons nos remontrances aux pieds du peuple souverain ; bref, nous nous plaçons en tête de l'influence, pour nous mettre à la suite du mouvement. Ne punissez pas aujourd'hui un droit que vous avez reconnu en adhérant à la révolution de 1830

Je viens de repousser quelques calomnies, il est temps que je vous fasse entendre quelques vérités ; je viens de vous dire ce que nous ne voulons pas, il est temps que je vous expose ce que nous voulons. Réfutez-nous, si vous êtes d'une opinion contraire ; mais ne nous condamnez pas ; car nul homme, sur la terre, n'a reçu le droit de torturer par les préventions, les détentions et les amendes, un honnête homme qui ne pense pas comme lui.

DEUXIÈME PARTIE. — *Doctrines de la Société.*

La *Société des Amis du Peuple* naquît des barricades ; ses premiers membres avaient tous combattu, et la plupart appartenaient à ce vaste réseau de *carbonari* qui, pendant quinze ans, ont soutenu la lutte contre la restauration, aux dépens de leur repos, de leur liberté et de leur fortune. Artisans immortels d'une révolution sans tache, ils en réclamèrent les conséquences, et ils s'empressèrent de

BIBLIOTHÈQUE NATIONALE — R. F. — IMPRIMÉ

siégei . poui ainsi dire, en armés, à la séule nouvelle que des in-trigans sortis depuis un jour de leurs caves , se groupaient autour d'un homme sorti du fond de ses paisibles jardins, pour exploiter tous ensemble , au détriment des libertés publiques, une révolution qui s'était faite sans eux

(M. l'avocat-général se lève et prend des conclusions tendantes à ce que la phrase que vient de prononcer M Raspail soit insérée au proces-verbal, pour y êtrc statué immédiatement après la dé-claration du jury.

M. le président donne acte à M. l'avocat-général de ses réser-ves, et invite M. Raspail à confier son feuillet au greffier. M. Ras-pail se rend à cette invitation, dans l'intentiont seulement que sa phrase soit transcrite, et continue.)

Mais l'argent l'emporta sur la parole, et la corruption sur le courage ; nos efforts furent stériles, une chambre sans mission re-plâtia une Chaite et improvisa un roi. Il aurait fallu du sang pour dissoudre cet ouvrage La Société préféra avoir recours au véhicule de l'influence et à celui de la persuasion. Le pouvoir, qui débutait alors dans la carrière de la déception , fabriqua une émeute de poltrons dirigés par des stipendiaires , et la Société , ayant horreur de la gueire civile , voulut bien faire , ce jour-là , abnégation de sa force ; elle se iéfugia dans une enceinte inacces-sible au public , avec lequel elle communiqua plus tard par l'in-teimédiaire de la presse

Ce que la Société voulait alois , vous pensez bien qu'elle le veut davantage aujoui d'hui , que le pouvoir a piis soin par ses actes de iéaliser toutes nos prévisions les plus sinistres , et que le peu-ple revient à nous le cœur brisé par le spectacle de tant d'impos-tures et de déprédations

Riches, écoutez notre doctrine, je vais vous la formuler

Jusqu'à présent les lois n'ont été élaborées qu'en faveur d'un pou-voir usurpé; le peuple n'y est intervenu que comme matière ex-ploitable Les moins mauvaises de ces lois sont encore dégoûtantes d'aiistocratie Les Codes civil et de commerce sacifient le travail au tiafic , et protégent toutes les acquisitions, même les plus équi-voques , une fois que leur titre est revêtu de certaines foimes qui produisent quelques fiancs à l'Etat

Le Code de procédure civile semble avoir été composé sous la dictée d'un procureur, le lendemain de l'achat de son étude

Le Code pénal et celui de procédure criminelle ont été inventés, moins pour protéger la société que pour torturer chcaui de ses mem-bres ; moins pour venger les masses que pour maintenir le pou-voir

Les impôts, dont la royauté accioît chaque année le chiffi e dans une proportion alarmante , sont supportés exclusivement par le malheureux prolétaire qui achète , et non par le propriétaire oisif qui vend sa marchandise au *prorata* des charges dont elle est grevée

Les besoins du peuple qui travaille ne sont représentés nulle part. ni à la chambre, ni aux tribunaux L'argent, l'argent seul, est ici comme là-bas la mesure de la capacité électorale . l'argent ! Messieurs, vous me comprenez ; car vous savez comment en général on le gagne !

L'ignorance saisit le pauvre au berceau, et l'accompagne jusqu'au champ de bataille où il succombe pour une classe moins brave ou pour un homme plus rusé Pauvre peuple ! qui, après la victoire, laquelle est toute à lui, contemple encore avec ivresse sa liberté que d'autres exploitent, et sa gloire dont un autre se revêt.

Eh bien ! sur de semblables fondemens nulle société ne saurait être stable ; et voilà pourquoi tous les vingt-cinquièmes feuillets de l'*Histoire de France* ont une tache de sang

Car l'égoisme chez nous étant protégé par les lois, chaque maison est un camp qui a ses intérêts à défendre, ses ruses à dissimuler, et ses ennemis à abattre, or lorsque tous ces partis contractent des alliances en grand nombre, alors, au lieu d'un million de petites batailles, nous sommes témoins d'une grande révolution, de dessous les ruines de laquelle nous voyons surgir une nouvelle classe de riches et une nouvelle classe de malheureux. Ainsi, pendant le calme, comme pendant l'orage, la France ne cesse jamais d'être partagée en deux grandes catégories, dont l'une a le monopole des jouissances , et l'autre celui de la douleur

Cependant le peuple est né pour le bonheur matériel ; cependant la nature en nous donnant le bienfait de respirer , n'a condamné aucun de nous à mourir de misère Le bassin de la France, favorablement exploité, peut suffire aux besoins et même aux caprices de 60 millions d'hommes , or jusqu'à présent nous ne sommes que 32 millions , et les deux tiers meurent de faim , il existe donc un gaspillage Voilà le mal , il faut se hâter d'y trouver un remède Voici le problème : *il nous faut un système politique, tel qu'en l'appliquant, il n'existe plus en France un seul homme malheureux, si ce n'est par sa faute ou par le vice de son organisation* Riches, croyez-nous, vous êtes peut-être encore plus intéressés à nous aider à le résoudre ce problème difficile . que le pauvre qui dévore en secret les affronts de votre égoisme.

«Jésus-Christ a cru en voir la solution dans les enivrantes illusions de l'espérance, mais notre caractère plus positif, fruit de notre climat moins poétique, a besoin de réalité, aussi la morale de Jésus-Christ, qui enfanta des sages dans l'Orient, n'a produit presque chez nous que des hypocrites

La monarchie a usé pendant quinze siècles, pour y arriver, toutes les ressources de la diplomatie la plus machiavélique ; son système a succombé sans espoir en 89.

La république exposa le-sien , et lutta six ans contre l'Europe conjurée, avant de parvenir à en faire l'application ; car le directoire n'en donna qu'un avant-goût à la France.

Un homme de génie arrêta le cours de ces premiers essais, et composant un troisième système avec l'égalité républicaine et le faste monarchique, il brilla un instant d'un éclat magique mais perfide, qui le conduisit bientôt, lui et sa belle patrie, sous le joug de plomb des rois qu'il avait vaincus

Alors revint la monarchie pure avec son droit divin , ses titres héréditaires , son cortége de *quasi-féodalités* , comme pour convaincre encore mieux la France de son impuissance à satisfaire un grand pays La France la conspua avec son cortége ; elle effaça tout cet antique système , et , sur la table rase , elle n'a encore rien écrit !

La question se débat , toute à neuf, en face de l'Europe : d'un côté, la royauté avec sa corruption et ses séides ; de l'autre, le peuple avec son désespoir qui couve, et ses pavés sur lesquels il attache ses regards O belle France ! comme ton front se rembrunit ! Comme tes ennemis jaloux t'observent avec un secret transport sur ta frontière ! Quel orage va donc fondre sur toi ! Ah ! maudit soit le doigt impie qui appelle la tempête au secours de la froide avarice et des plus perfides conceptions ! Qu'il périsse le traître, surtout s'il porte le nom de *Roi !* Peuple souverain, hâte-toi de reprendre ton sceptre , et de nous dicter des lois ! Toi seul peux les faire justes et équitables ; car toi seul tu peux connaître tes ressources et tes besoins.

Or, nous sommes convaincus que le peuple, une fois que le despotisme organisé ne comprimera plus son élan et ne trompera plus son patriotisme, arrivera de lui-même aux principes suivans, et le lendemain nous tiendrons la solution du problème.

Tout citoyen français a l'imprescriptible droit de concourir à la nomination de ses magistrats , de ses chefs dans la garde nationale, et des mandataires chargés de représenter ses intérêts au congrès qui rédige les lois et vote les impôts

Tout citoyen français est soldat à vingt-cinq ans , s'il n'en est empêché par une cause valable , et si le choix de ses concitoyens ne l'appelle à d'autres fonctions Les dangers de l'État modifient les cadres de l'armée , la voie du sort et celle de l'élection les remplissent.

Toutes les charges civiles, scientifiques et militaires sont données au concours ou à l'élection. Le jury des concours est nommé par u n jury primaire, et celui-ci est formé de tous les citoyens compétens. La liste des jurés est déterminée par le sort à l'ouverture de la séance.

Dès ce moment les charges sont inamovibles, si ce n'est par suite d'un jugement provoqué à la requête des parties intéressées.

L'hérédité des titres est un ridicule; l hérédité des charges est une usurpation.

La nomination du pouvoir exécutif appartient aux représentans du peuple; sa mission expire au bout de quelques années ; le membre sortant, s'il y en a plusieurs, ou le président, si le pouvoir exécutif est confié à un seul homme, ne sont rééligibles qu'au bout de dix ans. '

Les cumuls e t sinécures sont abolis, les places sont rétribuées avec modération. Car il faudrait enterrer tout vivant, sous les ruines des Tuileries, un citoyen qui demanderait à la pauvre France 14 millions pour vivre

Toute affaire litigieuse, civile, militaire . politique ou scientifique est soumise à un jury compétent, à une espèce d'arbitrage ; et le magistrat, dépouillé à jamais du pouvoir discrétionnaire, n'y intervient que pour diriger les débats et faire exécuter la sentence

Plus de juges dans leur propre cause, et qui aient l'impudeur de venger une injure personnelle.

La presse est libre dans la plus large acception du terme. La loi ne réprime que les atteintes à la pudeur publique et à l'honneur des particuliers innocens.

La liberté individuelle est inviolable ; nul ne doit en être privé que par un jugement, à moins que sa présence n'expose la société à de graves dangers.

La peine de mort est abolie ainsi que la marque et la confiscation. La prison est une école de morale et non une torture ; le détenu y gagnera sa grâce par son travail et par sa bonne conduite. Enfin, la justice ne se venge plus et ne flétrit plus ; elle protège et elle améliore

La magistrature n'a plus de charges vénales ; les tabellions et les procureurs à la solde des parties sont remplacés par des chambres de magistrats à la solde de l'état, et l'héritage de la veuve et de l'orphelin n'est plus exposé à passer tout entier à travers le crible des formalités de procédure.

Le tarif du prix du travail est réglé *a minima* par un jury composé d'ouvriers et de maîtres, et présidé par des magistrats, afin que le labeur de celui qui exécute et l'intelligence de l'inventeur aient la juste part qui leur revient dans le bénéfice de la vente.

Nul ne doit demander en vain du travail pour vivre ; et l'état veille sur le travailleur sans ouvrage, de quelque profession qu'il soit. Frapper *d'impôts* le nécessaire, c'est voler, frapper *d'impôts* le superflu, c'est restituer. Par conséquent, les impôts indirects et de personnel sont abolis, car en définitive, c'est le pauvre seul qui les paie. L'impôt progressif est établi, mais sur des bases assez sages pour que son application n'ait aucun des caractères de la *loi agraire*.

Tout monopole est aboli ; l'agriculture, l'industrie et le commerce méritent les premiers encouragemens de l'état, et la mauvaise foi du vendeur, ses châtimens les plus sévères.

L'enseignement est libre, l'état exerce une surveillance active sur la moralité des instituteurs ; mais un jury, composé de pères de famille, a seul droit, dans chaque commune, d'en déterminer le personnel.

L'agiotage est poursuivi sévèrement ; et l'administration de l'état, police, finances, adjudications, entreprises, tout se fait au grand jour, à la face du soleil, à la face du peuple.

Voilà, Messieurs, les principales bases de la doctrine dont l'application nous semble devoir fournir la solution du problème, et donner enfin à la France un gouvernement à bon marché, sans corruption et sans serdes, enfin, un gouvernement favorable au développement des facultés physiques et morales de l'homme. Alors il n'arriverait plus de révolutions, parce qu'il n'y aurait plus d'usurpateurs, il n'y aurait plus de misère, parce qu'il n'y aurait plus de monopoles ; il n'y aurait plus de lésés, parce qu'il n'y aurait plus de privilégiés.

En l'adoptant, il est vrai, vous auriez la république. Ah ! vous écrierez-vous, la république est impossible en France ! L'essai qu'on en a fait n'a certes pas été heureux. Quoi ! vous n'en avez fait qu'un seul essai, et vous reculez ! Mais nous sommes au soixante-onzième essai de la monarchie, et le dernier est le pire de tous ! Il faut bien enfin, désespérer et renverser un système contre lequel quinze siècles crient d'indignation.

Voilà les doctrines que nous avons cherché à propager par la publication des écrits populaires que l'on soumet aujourd'hui à votre inquisition. Nous avons voulu parler au peuple, on n'a pas voulu que le peuple nous écoutât. On nous a traités, nous comme des séducteurs, et lui comme un enfant. Le peuple se jetait avec avidité sur nos brochures, la police s'emparait des malheureux colporteurs qui recueillaient, en les distribuant, de quoi suffire aux besoins de leurs familles ; et le lendemain cette hideuse police faisait vendre à son tour et impunément, dans les rues, des pamphlets pleins d'ordurières calomnies contre les patriotes paisibles qu'elle traquait. O pudeur publique ! la police prétend avoir seule le droit d'instruire le peuple, et de lui former l'esprit et le cœur !

La preuve, nous dit-elle, c'est que j'ai droit de vous plonger dans les cachots, et elle l'a fait. Mais six mois de prison ont à peine satisfait sa colère; elle vous demande encore six mois; accordez-les lui, Messieurs, vous ne nous changerez pas. Nous fatiguerons le pouvoir de fait par notre patience; il ne nous fatiguera pas par ses amendes et ses cachots, pas plus qu'il ne nous a intimidés par ses assommeurs à gages ou par ses diatribes à un sou

Nous avons une grande mission à remplir; nous la remplirons, s'il le faut, quinze ans encore, sur le banc des assises, nous la remplirons sur les traces de ces jeunes victimes de la liberté, dont le sang crie vengeance dans ces lieux; nous la remplirons sous la hache de la tyrannie; car ce n'est point seulement une mission, c'est un culte sacré, c'est un feu qui dévore, c'est l'amour de l'humanité.

Que le pouvoir poursuive sa tâche, qu'il accueille nos théories par les cachots, les menottes et les amendes; en même temps qu'il protége de l'impunité l'avoué qui grossit ses épices, le chef de bureau qui partage avec l'adjudicataire, le commissaire qui partage avec des hommes puissans; enfin le secrétaire d'état, vous le savez, qui marie ses maîtresses en vendant les places. Qu'un seul cri parti du fond de la conscience de l'homme juste appelle sur sa tête tout le poids des fureurs d'un pouvoir moitié ladre, moitié épileptique; d'un pouvoir qui refuse de livrer au cours de la justice le garde national calotisté ou le sergent de ville dont le fer s'est rougi, dans l'ombre, du sang de nos concitoyens. Que le moindre prétexte lui suffise pour nous tenir six mois en prévention, tandis qu'une femme sur laquelle planent, avec d'affreuses probabilités, des soupçons horribles, jouit de sa liberté, je dirai même de son triomphe, lorsque la cause de sang est encore pendante. Qu'on laisse nos camarades grelotter de faim et de soif dans les prisons; pendant qu'avec sa robe rouge, cette baronne danse au bal d'une cour, qui n'a pas la pudeur de répudier les fruits au moins équivoques d'une complaisance adultère. Tout cela est bien, parfaitement bien; car tout cela est monarchique

En conséquence, nous qui n'allons jamais danser au bal de la cour, nous qui n'offrons pas aux regards d'un roi jadis republicain nos habits encore grossiers, mais toujours sans tache; nous qui ne nous sommes pas agenouillés devant les cosaques, et qui n'avons trahi la cause d'aucun peuple; nous qui n'avons sali nos mains d'aucune fraction de ces 25 millions que la trahison a prodigues cette année à la vénalité! Ah! condamnez-nous, condamnez-nous, si vous êtes dévoués à ce pouvoir. Condamnez-nous, vous ne nous changerez pas. Seulement, allez ensuite demander à un autre qu'au peuple de 1830 la récompense qui revient à de tels actes. Car le peuple qui ne punit qu'avec son mépris, ne récompense qu'avec son estime; et ce n'est pas de l'estime qu'on ambitionne quand on condamne ainsi »

Aussitôt que le citoyen Raspail a cessé de parler, M. Delapalme se lève et dit :

« Le respect que nous professons pour la défense, ou plutôt, il faut le dire, la crainte d'un scandale public, nous a déterminé à ne pas interrompre le prévenu. Nous requérons maintenant qu'il plaise à la Cour que certains passages de ce discours soient constatés dans le procès-verbal.

M. l'avocat-général cite ces passages.

La Cour ordonne qu'ils seront inscrits sur le procès-verbal.

M. *le président* à M. Raspail : Avez-vous quelque chose à dire ?

Raspail : Je me plains seulement que mes expressions aient été atténuées par M. l'avocat-général.

M. l'avocat-général rédige un réquisitoire sur cet incident et en donne lecture à la Cour. Outre le passage déjà incriminé, M. l'avocat-général en signale deux autres.

M. *le président*. Prévenu Raspail, reconnaissez-vous ces passages?

Raspail. Cela me serait impossible maintenant, M. le président; ces phrases ne sont pas en français. M. *le président* relit et rectifie quelques expressions. Voici ces deux passages : 1º *Périsse le théâtre, surtout s'il porte le nom de Roi !* ... 2º *Il faudrait enterrer tout vivant, sous les ruines des Tuileries, un citoyen qui demanderait à la pauvre France quatorze millions pour vivre.*

Le président : Les reconnaissez-vous ?

M. *Raspail* : Je les signerais même de mon sang.

M. *Delapalme* : Nous n'avons pas besoin de votre sang.

M. *Raspail* : Quand il s'agit de signaler des vérités, il vaut mieux que le vôtre. M. le président, remettez-moi le feuillet que j'ai confié a la cour.

Le président : Ce feuillet est acquis aux débats. (Sensation!)

Raspail et les prévenus Mais c'est un guet-à-pens. Raspail n'a remis le feuillet que pour le faire transcrire. (Le président ordonne de rendre le feuillet. Pendant que le greffier transcrit les deux derniers passages, l'auditoire est dans une grande agitation.)

Le président. Voudriez-vous remettre votre manuscrit à la cour.

Raspail. Pardon, M. le président; j'y ai été pris une fois.

Le président : Oh ! Monsieur !!! la cour procède avec trop de bonne foi.

Raspail. C'est vrai, nous en avons eu de nombreux exemples !!!

L'audience est levée à six heures, et renvoyée au lendemain, neuf heures du matin.

ALLOCUTION

DU CITOYEN RASPAIL,

en faveur de son défenseur

Incriminé par la Cour.

M⁹ Allier, avocat. —J'étais chargé avec Mᶜ Dupont de la défense génerale des prévenus ; mais puisque le droit sacré de la defense est indignement violé, je me retire, et je proteste autant qu'il est en moi contre toutes ces honteuses traditions de la restauration.

L'avocat se dispose a sortir.

Le president. —Gendarmes, empêchez l'avocat de sortir. (Mouvement dans l'assemblee et surtout au barreau.)

Gervais, d'une voix forte. — Messieurs les jurés, vous vous rappellerez que la conduite indigne et deloyale de la Cour force nos avocats à se retirer.

Mᵉ Alliei revient au barreau et s'ecrie : Quand je reviens à cette place, ce n'est pas pour me rétiacter, c'est pour protester de nouveau et persister dans mes paioles.

M. Delapalme se lève. (Silence.)—Un des droils les plus sacrés, dit ce magistrat, est sans doute celui de la defense. Mais ce droit ne peut aller jusqu'au délit, et ce délit s'aggrave encore, parce qu'il est commis en présence des magistrats. Quant à l'avocit, il est plus coupable encore, lui qui doit connaîtie les magistrats, et savoir surtout que le respect leur est dû. Mais malgré ces odieuses calomnies les magistrats iemplissent leui devoir, ils y apportent du courage et de la conscience, rien ne les fera s'ecarter des voies de la justice et de la fermeté.

M. l'avocat genéral iequiert que la Cour, statuant comme conseil de discipline, suspende Mᵉ Alliei de l'exeicice de sa profession d'avocat.

Le president à Mᵉ Alliei.—Qu'avez-vous à répondre ?

Mᵉ Allier.—Je n'ai rien à dire. Si la cour veut juger, qu'elle juge.

Raspail. Je demande la parole.

Le president. Vous n'avez pas la parole.

Raspail. Assez, assez d'injustice ; je veux la parole ; il me la faut, je la garde. (Le président se tait.)

Raspail Allier etait mon défenseur, il devient accusé, c'est à mon tour de le défendre. En vertu de quel droit prétendrait-on me ravir d'aussi belles fonctions ?

Allier est connu de nous tous ; il jouit de notre estime. Nous l'avons entendu à la tribune de la société ; nous l'avons vu sur la place publique. Partout il nous a été facile de reconnaltre de combien de vertus son ame était remplie. Imaginez-vous maintenant un jeune patriote assistant ses amis à ce moment solennel, et brûlant du desir de leur prêter le secours de son ministère, en face de tant d'injustices et de vexations ! Comment voulez-vous qu'il conserve le calme quand les jurés ont peine à contenir leur indignation ? Le cœur du patriote est un volcan ; imposez des lois à la nature si vous voulez prevenir une explosion de sa part, ou du moins amendez votre conduite et soyez justes si vous desirez que nous soyons calmes. Quoi ! un mot parti de la bouche d'un defenseur vous irrite ! Hommes à robes noires, vous pensez qu'un mot peut encore vous noircir ! Oh ! non, non ; vous avez d'autres pensées ; il vous faut des victimes, messieurs ; il faut faire tomber sur le defenseur la peine que vous reserviez a notre propre défense ! Vous ambitionnez l'arbitraire terrible des cours prévôtales, où l'on paraissait sans spectateurs, sans témoins et sans conseils ! Mais quelques-uns d'entre nous ont comparu devant ces terribles tribunaux Eh bien ! les juges tremblaient sur leurs bancs comme vous rougissez sur les vôtres, et alors nous étions tout aussi fiers qu'aujourd'hui. Cherchez, cherchez donc d'autres moyens pour rompre nos caractères, car autrement ils ne plieront pas. (Le président et la cour se lèvent pour délibérer.) Ah ! vous fermez l'oreille a nos paroles, vous êtes pressés de punir. Jugez !.. mais souvenez-vous que le mepris et l'indignation publique feront justice de votre jugement. Vous en faites justice vous-mêmes ; car votre voix, d'insolente qu'elle était dans le principe, devient de plus en plus timide et tremblotante ; et les vingt-cinq arrets que vous avez déjà rendus contre nous depuis deux jours, vous sembliez les rendre a nos pieds.

RÉPLIQUE

DU CITOYEN RASPAIL.

Je m'attendais que l'accusateur public poursuivrait aujourd'hui la carriere brillante dans laquelle il est entré hier au soir. Il croit devoir garder le silence Je ne sais point si je dois l'en blâmer ; je respecterai ses motifs ; et au lieu de le suivre pas à pas dans les minutieuses circonstances de l'accusation, dans ces vétilles si importantes aux yeux du ministère public, je croirai faire un meilleur emploi de mon temps et du votre, en vous ouvrant le fond de mon cœur

Messieurs les jurés, habitués aux manières douces de l'amitie, aux scènes patriarchales de l'intérieur de la famille, vous avez sans doute éprouvé d'étranges émotions au spectacle de ces bruyans débats Nous aussi nous avons goûté des paisibles jouissances ; nous aussi nous connaissons le charme de la vie domestique et du silence du cabinet. Mais aujourd'hui tout a changé, et pour nous et pour vous. La tourmente nous a jetes, juges et accusés, spectateurs et athlétes, sur une arène brûlante ; prenez-vous-en à nos accusateurs. Car, voyez-vous, notre conviction est profonde Notre doctrine nous est chère ; c'est pour nous la plus chère des propriétés. Or vous, Messieurs, que ne faites-vous pas pour défendre vos propriétés ? Que de tourmens si vous les croyez exposées ! que de moyens n'emploieriez-vous pas pour les conserver ; que de combats n'affronteriez-vous pas contre les ravisseurs ? Le fer, le feu, vous feriez tout pleuvoir sur le coupable Eh bien ! nous avons devant nous des hommes qui veulent nous ravir plus qu'une propriété, telle que les votres : je veux dire le droit de penser et d'écrire ! Comment pouvons-nous les repousser ? Avec les armes ? mais il y aurait de la lâcheté à nous en servir contre des hommes qui ne savent pas les manier Il nous reste donc notre indignation tout entière, et l'indignation me sait point modifier ses élans Nous sommes ici a notre tribune, Messieurs, et l'on ne gagne pas à cette tribune des préfectures et des secrétariats-généraux ; on y gagne la prison ; oui, la prison, avec son silence et son isolement. Ainsi, quand votre verdict nous aura déclarés coupables, le magistrat aura le droit d'étouffer cinq ans notre voix dans les cachots. Ah ! permettez-nous auparavant de donner à cette voix encore libre, l'essor le plus hardi. Condamnez-nous ensuite, vous êtes aujourd'hui les maîtres ; ouvrez-nous les prisons, dont nous connaissons aujourd'hui les détours Un jour peut-être viendra où nos rôles changeront pour les uns et les autres ; un jour viendra où, contre vous accusés, on pourra nous invoquer, nous, comme juges ou accusateurs C'est à cette époque que j'ajourne votre estime ; car alors ces républicains, qu'on vous dit si féroces, au lieu de vous accabler du poids des longues souffrances qu'un mot de votre bouche va leur léguer, ah ! ils auront recours à une autre vengeance. Du haut de leurs siéges, ils vous tendront la main pour vous rendre à vos habitudes, a vos familles et a vos amis Citoyens ! vous diront-ils, Dieu nous garde d'imiter votre erreur et de vous rendre vos mauvais services Allez, nos anciens juges, redevenez nos frères, et n'attendez aucune rigueur de notre part. Il est innocent, celui qui pense ; le seul coupable est celui qui punit.

DEUXIÈME DÉFENSE

DU CITOYEN RASPAIL,

après que le Juri a eu déclaré les accusés non coupables.

M. Delapalme prend la parole · « Le jury, dit ce magistrat, vient de proclamer sa déclaration Il a reconnu que plusieurs des chefs de prevention étaient constans, mais que les prévenus n'en étaient pas coupables Il reste pour la Cour a statuer sur nos réserves. La Cour se rappelle en effet que, pour le prévenu Raspail, nous avons fait des réserves au sujet de la défense par lui prononcee a l'audience d'hier , ainsi que pour les prévenus Blanqui, Gervais et Thouret, à l'audience de ce jour , qu'enfin nous avons fait des réserves en ce qui touche les expressions outrageantes adressees aux magistrats.

M. le président. — Les défenseurs des prévenus n'étant pas présens, M° Hardy, chargez-vous de la défense.

Tous les prévenus. — Nous n'acceptons pas M° Hardy pour défenseur.

M° Hardy. — Je ne puis me refuser d'obéir a M. le président ; je ne puis me faire renvoyer devant le Conseil de mon ordre

M. Raspail — Nous avions des défenseurs , nous leur avions confié notre système de defense · vous n'avez pas voulu l'entendre. Je ne connais pas de loi maintenant qui puisse nous forcer à accepter les défenseurs que vous nous imposez. Je respecte M° Hardy, mais je declare qu'il obéit ici à la volonte de la Cour, comme moi j'ai obéi aux gendarmes en venant me placer ici. Il est assis devant nous, sa mission ne va pas plus loin.

L'avocat-géneral. — La Cour doit statuer sur les délits qui ont été, suivant nous, commis à son audience. Le droit de la défense ne doit pas aller jusqu'a l'infraction de la loi dans l'enceinte même de la justice.

M. l'avocat général rappelle les passages qu'il a fait consigner sur le procès-verbal d'audience, et y trouve les délits de provocation au renversement du gouvernement du Roi, d'offenses envers la personne du Roi. d'excitation au mepris et à la haine envers une classe de citoyens, d'outrage envers les magistrats dans l'exercice de leurs fonctions.

Le Président — Prevenu Raspail, vous entendez l'accusation : avez-vous quelque chose à dire pour votre défense?

Raspail fait un signe d'adhesion

Le président. — Vous avez la parole !

Raspail. En présence de l'acte le plus hideux de notre législation, n'attendez pas que je m'abaisse jusqu'a me défendre. L'exemple que nous donne la cour est si extraordinaire, il est tellement opposé a nos habitudes judiciaires, que je ne trouve pas dans ma poitrine un seul son qui puisse se prêter a une justification Est-ce bien devant un tribunal français que je suis en ce moment invité a me défendre? Je dis *français*, car ce mot rappelle tout ce qu'il y a de plus exquis dans les convenances, tout ce qu'il y a de plus *franc* dans le langage, tout ce qu'il y a de plus noble dans les procédés ; et véritablement, en cette circonstance, je ne trouve plus rien qui me rappelle la moindre trace de ces belles qualités.

Non, non, ce n'est que dans les ténebres de l'inquisition, ce n'est qu'au milieu des tortures espagnoles, que de pareilles circonstances peuvent se reproduire. Ce n'est que la qu'on peut dire a la victime : Tu as la parole, défends-toi ; mais chaque mot de ta défense pourra donner lieu a de nouveaux tourmens ; prouve que tu es innocent, mais la preuve sera un nouveau crime Et encore si l'on nous avait parlé avec cette franchise ! Mais on nous a toujours dit, que, malgré l'arbitraire odieux que la loi confère aux tribunaux, la défense était sacrée ; que l'accuse, en entrant dans ces lieux, cessait d'avoir tort ; qu'on ne lui comptait que les torts de la veille Nous nous défendons avec franchise, et une grande franchise, n'est-ce pas, messieurs? Nous vous donnons par la tous les moyens de peser votre responsabilité ; enfin nous mettons notre conscience a découvert devant vous Vous examinez ensuite les pièces du procès pendant près de deux heures Et quand, la main sur la conscience, vous venez nous declarer innocens, vous qui êtes nos juges de fait, mais des juges que nous investissons de notre estime ; alors un accusateur se lève de nouveau, un président recommence les débats sous une autre forme ; et, par un stratagème que vous ne regarderez pas comme fort adroit, ils nous arrachent à l'omnipotence du jury ; et, sans mission comme sans competence, ils cherchent à nous infliger la peine a laquelle vous nous avez soustraits. Votre défense est coupable, disent-ils, ce qui ne l'empêchait pas d'être libre. Mais libre de quoi? Si elle n'est pas libre de faire ce qui est capable de vous paraitre mal? Ah ! messieurs les jures, car je n'ose prendre sur moi de m'adresser a ces nouveaux juges, il y a de la rancune dans cette nouvelle procédure. Il y a peut-etre davantage, car, parlons franchement, le Palais-de-Justice n'est pas loin des Tuileries. Je m'arrête, vous savez tout. Jugez donc, messieurs les gens du roi ; jugez et condamnez : car une trentaine de vos arrets nous apprennent assez à prevoir votre arrêt suprême. Jugez, juges de Charles X et de Philippe, les ennemis de tous les Charles X. Mais apiès votre decision, il nous restera encore un tribunal a invoquer c'est celui de l'opinion publique, il vous attend la, à la porte, pour vous condamner à votre tour. Or, je vous le dis en vérité, cinq ans de prison sont moins terribles que cette condamnation morale

N. B. Dans l'édition complete du *Proces des Quinze,* publiee par la *Societe des Amis du Peuple,* une note se trouve au bas de la page 70 de mon discours. C'est une méprise : je n'ai rien donné d'analogue, et la Société n'en a pas ordonné l'insertion. Je profite de cette circonstance pour établir que l'*inamovibilité* dont parle la phrase principale (page 11, ligne 4) ne signifie autre chose que l'indépendance du fonctionnaire par rapport au pouvoir exécutif, c'est-à-dire que nul ne pourra être destitué sans jugement, et que le jury seul du concours ou de l'élection sera autorisé á défaire ce que lui seul a fait.

www.ingramcontent.com/pod-product-compliance
Lightning Source LLC
LaVergne TN
LVHW010138060726
842524LV00005B/2000